Hedil Al-Rashid

# Mitten in Babylon

Gedichte

هديل الراشد

## في منتصف بابل

قصائد

Aus der Reihe "**Lyrik-Salon SPEZIAL**"

Herausgeber:

Fouad EL-Auwad

**Titel**
Deutsch: **Mitten in Babylon**
Arabisch: في منتصف بابل

**Gedichte**   قصائد

Autorin: **Al-Rashid, Hedil**
هديل الراشد
Herausgeber: **Fouad EL-Auwad**   فؤاد آل عواد
Aus der Reihe "**Lyrik-Salon** SPEZIAL"   سلسلة صالون الشِعر

1. Auflage 2022, zweisprachig (Deutsch/Arabisch)
**Edition Lyrik-Salon** Spezial 2022
© Copyright Fouad EL-Auwad
**www.lyrik-salon.de**
© Copyright für die Originaltexte bei der Autorin

Titelbilder: Hedil Al-Rashid
Umschlagsdesign, Satz & Layout: **Fouad EL-Auwad**

Herstellung und Verlag:
**BoD** - Books on Demand, Norderstedt
**ISBN: 9783756820276**

Mitten in Babylon

في منتصف بابل

**Lyrikwerke** der Autorin bei Edition Lyrik-Salon:

- **"Denkst du an meine Liebe?",** Deutsch/Arabisch,
  BOD, Reihe Lyrik-Salon Spezial, 2015

- **„All'orlo del cielo"**
  "Am Saum des Himmels", Italienisch-/Arabisch
  BOD, Reihe Lyrik-Salon Spezial, 2018

- **Eine einsame Laterne** Deutsch/Arabisch,
  BOD, Reihe Lyrik-Salon Spezial, 2019

**Purpurn...**
So ist die Farbe des Windes
wenn er sich nach der Oase der Sinnlichkeit sehnt
Dem sanften Duft der Schwertlilien
durch ferne Märchen folgt er
färbt die Landschaft Sehnsucht
als würde sie ihm flüstern:
„Sing mir das Lied
von `Tausend und einer Nacht´
damit ich in den Armen
der Glückseligkeit
einschlafen kann!"

أرجواني..
هكذا يكون لون الريح
حينما تتوق الى واحة العشق
متنقّيةً عبير السوسن
عبر الحكايات القاصية
مخضِّبةً الحقول شوقاً
كأنها تريد الهمس بـ:
"غنِّ لي أغنية
"ألف ليلة وليلة"
لأغفو بأحضان
السعادة الأبدية"

**Mit dem Geplätscher der Gedanken**
schwimmen die vertrauten, fremden Wörter hinweg
die mitfühlenden, zornigen
die erschöpften, exotischen
formen sich zu Bühnen zu Tunneln
zu grünen Wiesen zu Tempeln
Manche durchnässt von Weihwasser, von Bluttropfen
manche von Tränen, von Tautropfen
andere eingewickelt mit süßen Träumen, mit Windeln
mit heiligem Schleier, mit einem Taschentuch eines
Geliebten
Und mitten in Babylon
findet das Gedicht den Weg zu mir
wohnt zwischen meinen Welten
atmet mich ein
lehrt mich eine neue Vision
vom Leben

## مع تدفّق جدول الافكار

تسبح الكلمات المألوفة، الغريبة
المتعاطفة، الغاضبة
المنهكة، الغريبة متواريةً
تتحوّر الى مسارح الى أنفاق
الى مساحات خضراء الى معابد
منها ما كان مبللاً بماء التعميد، بقطرات دم
ومنها بالدموع، بقطرات الندى
وأخرى ملفوفة بأحلام حلوة، بفوطة طفل
بوشاحٍ مقدس، بمنديل حبيب
وفي منتصف بابل
تجد القصيدةُ الدربَ إليّ
تسكن بين عوالمي
تستنشقني
تعلمني رؤيا جديدة
للحياة

**Es klopft**
Ein Fremder Wind stöhnt draußen
eine lästige Geschichte
in allen Ecken der Wahrnehmung
lässt das Windspiel
vertraute Töne in den Ohren erklingen
Soll ich herangehen?
oder auf den nächsten
Sturm warten?

**طُرِق الباب**
رياحٌ غريبة تتأوه في الخارج
قصةً مزعجة
في كل زوايا الإدراك
تجعل لعبة الريح
تعزف لحناً مألوفاً لدى الآذان
ألأذهب لتفقّد الباب؟
أم أنتظر قدوم
الإعصار المقبل؟

## Baum der Entbehrung

Die Linien jenes Abends
zeichneten einen trüben Ausdruck
als die Schwalben
den Garten meiner Gedanken
scharenweise verließen
in meinen Zweigen
fließende Leere hinterließen
Der Neumond im Himmel
eine kühne Sichel
als kämpfe er mit der Finsternis
Nach und nach
fielen die Worte von mir ab
Silbe für Silbe
bis ihr Echo
in der Stille der Finsternis
ertrank

## شجرة الحرمان

حملتُ خطوط ذاك المساء

تعبيراً عابساً

حينما غادرت السنونوات

بستان أفكاري

أسراباً أسراب

تاركةً فراغاً

يسري في أغصاني

بدا الهلال

كمنجلٍ جسور

يقارع عتمة السماء

حينها تساقطتْ

شيئاً فشيئاً

عني الكلمات

الحرف تلو الآخر

حتى غرق صداها

في صمت الليل

## Baum der Erkenntnis

Als uns der Glücksfall das Leben einhauchte
strichen wir es Tag für Tag mit Farben an
den schillernden, den blassen
malten unsere eigenen Wege aus
freiwillig, widerwillig
Als uns die Natur den Urinstinkt gebar
Verbarg sich darin ein Same
wuchs in uns zu einem Baum
trug die Frucht der Wissbegier
das Leben zu lieben
es bewusst zu er-leben,
oder es beliebig zu ver-leben
wie auch immer es kommt
Wege zu be-gehen
zu umgehen
sie zu Brücken zu biegen
wohin auch immer sie führen
immer wieder neu

## شجرة المعرفة

عندما نفخت الصدفة فينا الحياة

دهنّاها يوماً بيوم بكافة الألوان

زاهية كانت ام باهتة

رسمنا دروبنا

طواعية أم إكراهاً

وعندما انجبت الطبيعة الفطرة

نبتت بذرة في جوفها

لتنمو في داخلنا وتصبح شجرة

تطرح حب المعرفة

لنحب الحياة،

لنعيشها بوعي

أو لنقضيها

كيفما كان

لنسير على دروبها،

لنجتنبها

أو لنثنيها جسورا

اينما حملتنا

كل مرة من جديد

**Der Baum der Liebe**
blüht in den Augen
die im Leben Schönheit sehen
wenn sie für andere verborgen bleibt
wächst im Herzen
das sich vor Vergebung nicht scheut
nährt den Geist
der nie aufhört Kreatives hervorzubringen

**شجرة الحب**

تزهر في العيون

التي ترى الجمال في الحياة

حينما يكون خفيّاً للآخرين

تنمو في القلب

الذي لا يخشى الصفح

تغذي العقل

الذي لا يتوقف عن الإبداع

**Mutter Erde!**
Deinen friedvollen Kindern
hat man den Vater geraubt
Jetzt sind sie verwaist
ihres Himmels verwiesen
ihre Bäume entwurzelt
Was machen sie nur ohne dein grünes Laub?
Sind sie denn bloß entblößt?
Vielleicht leicht entweiht?
Bald entweicht ihnen dein Duft
und sie werden sich fremd

**يا أُمّنا الأرض**

لقد سُلِب أبناؤك المسالمون

أباهم

هم الآن أيتام

طُردوا من تحت سمائهم

اقتُلِعت أشجارهم

ما هم صانعون بدون أوراقك الخضر؟

أهمُ عراةٌ ليس إلا؟

أو أنّهم انتُهِكوا قليلا؟

قريباً ما سينسون شذى عطرك

فيصبحون عن أنفسهم غرباء

**Vertrieben**
vom Schatten der Sonnenfinsternis
kamen sie
mit nackten Träumen
um den Rand geweihten Himmels
zu ergreifen
die Taschen voller Lichtsplitter
die Augen verlassene Dörfer
Nichts trennt sie vom Glück
außer diesem mit Leiden beladene Meer
Kaum ritten sie die Wellen
beraubte man sie deren Träume
An jenem Tag hat man
ihre grünen Blätter entweiht
und ihren letzten Hilferuf
zum Verstummen gebracht

مُبعداتٌ

من قِبل ظلال كسوف الشمس

جئن

بأحلامهن العارية

ليتمسكن بحافة السماء المقدسة

الجيوب محملة بشظايا النور

والعيون قرىً مهجورة

ومامن شيء يفصلهن عن السعادة

إلا ذاك البحر المحمل بالاوجاع

فمالبثن ركوب الأمواج

حتى جُرّدن من أحلامهن

يومها انتهكت

أوراقهن الخضر

وأخرست

آخر صرخة نجاة لهن

**Ein Winddrachen**
hebt im Himmel seiner Augen ab
wetteifert mit den Flügeln des Windes
fordert die Zeit heraus
möge sie ihn zu den Echos
der Zukunft tragen
auf einem Zauberteppich
als wäre es ein Tagtraum
der plötzlich am Dröhnen
des Kampfjets zerplatzt

**طائرة ورقية**
حلّقت في سماء عينيه
تسابق أجنحة الريح
تتحدى الزمن
علّه يحمله
الى أصداء المستقبل
على بساطٍ سحريّ
كما لو كان حلم يقظة
تهشم فجأة على دويّ
طائرة حربيّة

**Herrenlos**

Alsbald die Worte verstummten
brüllten die Kanonen
bis die letzte Taube ihr Nest verließ
die Luft stickig, voller Staub der
letzten stockenden Gesprächssplitter
Die Erde durchtränkt
von roten Bächen
Einige von Tränen
durchnässte Träume
hingen an der Wäscheleine
herrenlos
und warteten, und warteten
möge sie ein Heimkehrer
wieder sammeln

## بلا صاحب

حالما صمت الكلام

زمجرت المدافع

حتى هاجرت أخر حمامة عشها

الهواء خانق مليء بتراب

أخر شظايا الأحاديث المتعثّرة

الأرض ارتوت من أنهارٍ حمر

وبضعة أحلامٍ مبللةٍ بالدموع

نُشِرت على حبل الغسيل

بلا صاحب

وصارت تنتظر وتنتنظر

علّ عائداً ما يمرّ بها

ليجمعها من جديد

**Ohnmacht**
Tag und Nacht
stranden heimlich fremde Boote
mal lebend, mal tot

Sie klammern sich am Saum des Meeres
stoßen den letzten Notruf in den Äther aus
dennoch scheint KEINER die Fremden zu verstehen

## عجز

صباح مساء
ترسو قواربٌ غريبة خِفْيةً
أحياناً حيّةً، وأخرى ميّتة




يتشبثون بحاشية البحر
يطلقون أخر صرخة نجاة في الأثير
إلا أنّه يبدو أن ما من أحدٍ يفهم هؤلاء الغرباء

**Irgendwann nach dem Hassausbruch**
erloschen womöglich Lichter im strömenden Fluss
fließen Tränen dem Berghang schweigsam herab
steht ein Vater ohnmächtig vor der Sinnlosigkeit der
Gewalt
Seine Liebe pocht umso lauter für sein Kind

**Im Moment des Meditierens**
gehen Lichter im Strom der Gedanken an
rückt Mitgefühl ins Zentrum des Kosmos eines Jeden
entfaltet sich die Schönheit des Lebens in all seinen
Spektren

**في لحظةٍ ما، بعد انفجار الضغينة**
تنطفئ ربما أضواءٌ في سيل النهر
تنهمر الدموع صامتةً من على سفح الجبل
يقف الأب عاجزاً أمام عبثية العنف
يزداد حبه لطفله خففقاناً




**في لحظة تأمّل**
تتّقد مصابيح في تيار الفِكَر
تصبح الرأفة نواة وجود كل انسان
تكتسب الحياة أجمل معانيها

**Erleuchtung**
Durchstreifen düstere Wolken den Himmel deiner
Landschaft
Zerstreue sie als wären sie Rauch
Lächle dem Leben zu
und es lächelt dir im Spiegelbild zurück


Eile dem Wind nicht nach
sonst verpasst du deine Verabredung
mit dem Leben


Versöhnst du dich mit deiner vergangenen Welt
begibst du dich furchtlos auf dein Leben
umarmst das Jetzt

استناره
حينما تتجول سحابات داكنة في سماء حقولك
بددها كما لو كانت دخّاناً
ابتسم للحياة
فتبتسم لك كصورتك في المرآة


لاتجري خلف الريح
فتفوّت موعدك
مع الحياة


عندما تتصالح مع عالمك الماضي
حينها ستُقبِل بلا خوف على الحياة
وتعانق الآن

**Meditation I**

Gestern als die Angst bei dir einzog
gabst du den Frieden auf
Dumpf klopfte der müde Wind an der Tür
Jegliche Antwort blieb aus
Heute als der Regen sich an dein Fenster schmiegte
machtest du ihm die Läden weit auf
verliebtest dich in das Leben
auf den ersten Hauch
und die Welt sah anders aus

# تأمّـــلات ١

بالأمس حينما سكن الخوف داخلك

فقدتَ السلام

مرّت الريح تعبةً تطرق الباب

وما من مجيب

اليوم عندما انساب المطر على الزجاج

فتحتَ له النافذة على مصراعيها

عشقت الحياة

من النفحة الأولى

وبدا العالم مختلفاً

## Meditation II

Vergangen ist vergangen
Indessen
betrachtest du deine Gedanken
ein und aus
Jede positive Inspiration
füllt deine Leerstellen mit Leben aus
treibt Furcht aus den letzten Puren aus
Rezitiere dein Mantra
wiederhole es abermals und abermals
atme das Leben ein und aus
und du wirst mit der Schöpfung eins
erfülle das Universum
und es erfüllt deinen Geist
Derweil erkennst du die Wahrheit
findest die Melodie in dir
und der Frieden findet den Weg zu dir

تأمّـــلات ٢

ما مضى انقضى

أما الآن

فأنتَ تراقب أفكارك

تأتي وتمضي

كلُ إلهام إيجابي

يملأ فراغاتك بالحياة

يطرد الخوف من آخر مساماتك

رتّل تعويذتك

كررها مرّاتٍ مرّات

استنشق الحياة

فتتماهى مع الكائنات

إملأ الكون

وسيملأ هو ذهنك

عندها ستتراءى لك الحقيقة

وتجد اللحن في داخلك

عندها سيجد السلام

الدرب إليك

**Umdenken auf Befehl**

Nach Anweisungen des Staates
schwiegen die Straßen
Der Himmel plötzlich blau gespült
das Wasser kristallklar
Eine leere U-Bahn fuhr vorbei
Die spärlichen Gesichter in der Stadt
zerstreut, erstarrt
Der Lebens-Rhythmus
verlangsamt, verharrt
Weither lockt das Geplätscher der Fontane
erklingt das Gezwitscher der Sperlinge
Am Horizont sticht die Spitze des Bergs hervor
Ein Falke fliegt über die Dächer hinauf
Ehrwürdige Denkmäler auf den Plätzen stehen
splitternackt
Stattliche Wolkenkratzer fallen aus dem Takt
Was jedoch das Lächeln der Menschen anbetrifft
so bleibt es auf ungewisse Zeit vertagt

## إعادة التفكير تحت وطأة الأوامر

طبقاً لتعليمات الدولة

صمتت الشوارع

أمست السماء مبلولة بالأزرق

والماء نقياً كالبلور

مرّ الميترو خالياً من الركاب

الوجوه المعدودة في المدينة

مشوّشة وجامدة

حركة الحياة

في تباطء وانحسار

أما خرير الجدول فيجتذب السامع من بعيد

وكذا زقزقة العصافير

لاحت في الافق القاصي قمة الجبل

ومن فوق السطوح حلق صقر

بدت التماثيل في الساحات عارية

وناطحات السحاب خارج الايقاع

أما البسمة على وجوه الناس

فقد أرجِئتْ الى أجلٍ غير مسمّى

**Lockdown II**

Abgemagert sind die Nächte
seitdem die klangvollen Verse einschliefen
Einsam die Fresken am Himmel derer
die nach dem Rezitieren der Pinsel dursten
nach den göttlichen Melodien
Kein berauschender Applaus
Keine Liebesbekenntnisse
Nur heilige Stille
Als bete das Publikum
für die ersehnte
Auferstehung

## حظر التجول II

عجاف أصبحت الليالي

منذ أن أخلدت الابيات الرنّانة الى النوم

وحيدة أمست الزخارف في سماء

الظامئين الى تراتيل الفرش

الى النغمات الالهية

لا تصفيقَ آسر

ولا شهاداتِ حُبٍ

وإنّما سكونٌ مقدس

كما لو صلَّى الجمهور

من أجل البعث

المنشود

**Lockdown III**
Der Tod breitet sich bereits aus
Die Erwartungen lassen immer mehr nach
Die Ausreden gehen unweigerlich aus
Allein die Konferenz der Götter dauert weiterhin an

Theaterbühnen, Tanzflächen
Kampftribünen, Parkflächen
lechzen nach Menschen
und Menschen auch

## حظر التجول III

بدأ الموت بالانتشار
وأخذت التوقعات بالانحسار
أما الحجج فهي سائرةٌ الى النفاذ
إلاّ اجتماع الآلهة فمازال يعقد لحد الآن

خشبات المسارح و ساحات الرقص
حلبات المصارعة وساحات التنزه
باتت تتعطش للناس
والناس كذلك

**Wie war das noch mit Freiheit und Frieden?**
Hast du nicht von den Liedern
der obdachlosen Katzen auf den Straßen gehört?
Vom Jammern der verwitweten Möwen in den Lüften?
Von den Graffiti der Sperlinge an den Mauern?
War das etwa nichts weiter als Einbildung, als erfundener
Traum?
Schau einfach hin, sieh dich um!
Wo immer du hinsiehst:
Spuren von rhythmischem sanftem Zorn
Keine roten Linien
Keine grünen Zonen
Nur ausharrenden singenden Nachtigallen
streichen sich die Tränen aus dem Gesicht
Fetzen von Slogans und Flecken von Blut
wache Schmetterlinge flattern in der Luft
und alle wollen nur eins: eine bessere Welt
Das war nur der Anfang einer Fabel
und die Fortsetzung folgt

**ماذا عن الحرية والسلام؟**

ألم تسمع عن أناشيد

القطط المشرّدة في الشوارع؟

عن نواح النوارس الأرامل في الأجواء؟

ورسوم الكرافيتي التي خلّفتها العصافير على الأسوار؟

أم كان ذلك هاجساً، حلماً من محض الخيال؟

أمعن النظر، تطلّع الى ما حولك!

فأينما أبصرت

وجدت آثار الغضب الإيقاعي الناعم

لا خطوط حمراء

ولا مناطق خضراء

فقط تغاريد البلابل القابعة

تمسح من على وجهها الدموع

أشلاء لافتات وبقع دماء

وفراشات يقظه ترفرف في الأجواء

جميعهم يروم هدفاً واحداً: عالم أفضل!

كانت هذه مجرد البدايه

وللحكاية بقية

**Heimat gedeiht**
wo ein gerechter Himmel uns umarmt
einfach ehrlich, neutral
völlig egal ob heiter oder trüb
wenn die Gedanken offenbart werden
gewaltlos, mitfühlend
völlig egal ob wir einer Meinung sind oder nicht


**Freiheit keimt**
wenn man Eigenregie über seinen Lebensfilm führt
ohne Heuchelei, barrierefrei
völlig egal ob erfolgreich oder ergebnislos
wenn die eigenen Wörter frei atmen
ihren Lauf nehmen zensurfrei
völlig egal ob tiefsinnig oder trivial

**يزهر الوطن**

حيثما تحتضننا سماء عادلة

صادقة فحسب بلا إجحاف

صافية كانت أم عكرة

حينما نفصح عن افكارنا

بتعاطف بلا عدوانية

سواء اتفقنا في الرأي أم لا


**تثمر الحرية**

حينما نتمكّن من إخراج فيلم حياتنا

بلا نفاق بلا عوائق

سواء مُنينا بالتوفيق أم لا

تثمر الحرية

أينما تنفست كلماتنا بطلاقة

وتابعت طريقها بلا رقابة

حكيمة كانت أم عابرة

**Mit dem letzten Atemzug**
(für Sara Higazi)
Ins Gedächtnis
brennt sich die eine leise Stimme
zerschmettert am Stein der Bigotterie
in Tausend Ecken der Welt...
In Regenbogenfarben zelebrierte sie sich zuvor
haschend nach einem Sonnenstrahl
„Wünsch dir was, solange du lebst!
- sagte die Stimme der Vernunft -
denn später gibt es kein Paradies!"
Kaum ausgeträumt
schon von der Bühne der Worte verdrängt
Das dröhnende Gegröle der Missklänge
zerriss die nahen fernen Träume
und mit dem letzten Atemzug
entbrannte ihr Echo
im Gewissen der Entsetzten Tausend Lichter
triumphierte der unerfüllte Wunsch
durch ewiges Schweigen

**مع النفس الأخير**
*(لسارة حجازي)*
في الذاكرة
حُفر ذاك الصوت الخافت
متهشّماً على صخرة الرّياء
الى ألف زاوية من كل الأنحاء
وقد احتفى من قبل
بألوان قوس قزح
تائقاً الى ضوء الشمس
قال صوت المنطق:
„تمنّي الآن، مادُمتِ على قيد الحياة!
فلاحقاً لن تكون هناك جنّة"
ما لبث أن انتهى الحلم
إلا وقد أقصيت من على مسرح الكلمات
فإذا بأصوات النشاز المصدِّعة
تمزّق الأحلام البعيدة القريبة
ومع النفس الأخير
أوقد ذاك الصدى
في ضمائر المذعورين آلاف الأضواء
وانتصرت الأمنية المتوخاة
مع الصمت الأبدي

**Ausgerechnet in einer sternennackten Nacht**
in der sich der Mond
hinter einem Wolkenschleier
halb verbirgt
entfesselt der Lotos-See
Duft-Aureolen
getrieben von einem Lust-puls
in konstantem Rhythmus
in den Kosmos
Ihr Echo stillt den Durst
jener sinnlichen Nacht
lässt sie sich in meditativer
Ekstase völlig verlieren

**في ليلةٍ عارية النجوم بالذات**
حيث يحتجب القمر
خلف ستار السحاب
نصف احتجاب
تطلق بحيرة الزنبق
هالات عبق
يسوقها نبض الشوق
بإيقاعٍ ثابت
الى أرجاء الفضاء
فيروي صداها
ظمأ الليلة الشهوى
ليتركها تضيع
بنشوة تعبدية

**Am Ufer aufblühender Nacht**
tänzelten die weißen Flecken des Mondlichtes
zwischen den Schatten der Äste
nach den Melodien des Windes
glitzerten auf deinem Antlitz
als du kamst
wellenweise
Du durchströmtest mich
als wärst du das Meer
Ich schaute dich an
als wäre ich der Mond,
der gerade darin hineintaucht

**على ضفاف ليلٍ زاهر**

تراقصت بقع ضوء القمر البيضاء

ما بين ظلال الأغصان

على أنغام الرياح

تلألأت على تقاسيم محياك

حال قدومك

أمواجاً أمواج

غمرتني

كما لو كنتَ البحر

نظرتُ أليك

كما لو كنتُ القمرَ

وهو يغرق فيه للتو

**Zwischen einem Atemzug und dem nächsten**
verlässt ein Schmetterling seine Raupe
atmen seine Flügel Leben ein
fällt ein Blatt von seinem Baum ab
atmet seinen letzten Dufthauch die Erde ein
Zwischen einem Atemzug und dem nächsten
erwacht eine Vision aus dem Nichts
überfliegt ihre eigenen Linien
lebt zu atmenden Worten auf
sprengt neue Dimensionen auf
reist um die Welt
und die Welt um sie herum

## بين شهيق وزفير

تترك فراشةٌ شرنقتها

تتنفس اجنحتها الحياة

تسقط ورقةٌ من على شجرتها

تستنشق الأرض آخر نفحة من شذاها

بين شهيق وزفير

تستيقظ رؤيا من العدم

تتجاوز حدودها

تتفتّح كلمات تتنفس

تفجّر أبعاداً جديدة

تسافر حول العالم

ويسافر العالم حولها

**Der Duft des Flieders**
wanderte mit den Schwalben
träumte von der Umarmung des Himmels
bei der Wiedergeburt des Abends
am purpurnen Horizont...
Auf den Flügeln der Sehnsucht
nach fremdem Atem
mittendrin auf halbem Weg
war er von rastlosem Heimweh
heimgesucht
war vom Winde verweht

**أريج الليلك**
هاجر مع طيور السنونو
حالماً بمعانقة السماء
عند ميلاد المساء
حيث الافق الارجواني
ومن على اجنحة الاشتياق
الى نَفَسٍ غريبٍ
هناك في منتصف الطريق
انتابه حنين جارف الى الأوطان
فغدا هباءاً منثورا

**Der milde Wind**
trauerte um seine einsame Mühle
im goldenen Feld
Trost suchend
streichelte er unermüdlich
seine müden Ähren
vergebens

**حزنت الريح الدافئة**
على طاحونتها المهجورة
في الحقل الذهبي
فداعبت سنابله المنهكة
بلا كلل
محاولةً مواساتها
بلا جدوى

**Windmühlen**
sprießen aus der Landschaft
nahe und fern
kämmen das Haar des Himmels
in jeder Tageszeit
spielen Fangen mit dem Sonnenlicht
streicheln die Wimpern der Nacht
flüstern den Menschen
leise Energie zu

**طواحين هواء**
تنبت في الأرياف
قريباً وبعيداً
تسرّح شعر السماء
في كل الاوقات
تلعب لعبة الالتقاط مع ضوء الشمس
تداعب رموش الليل
تهمس للناس الطاقة
بصوت خافت

**Ein völlig normaler Tag**

An einem turbulenten Tag
übersehen Passanten die ausgestreckte Hand einer Frau
versinkt ein Kind in tiefem Schlaf, seine Mutter
umarmend

Morgendämmerung
ein Tautropfen klammert sich an der Wäscheleine
ein Hund löst sich von seiner Leine, dem Tag entgegen

**يوم عاديٌّ جداً**
في يومٍ صاخب
أغفل المارة يد امرأة ممدودة
أوغل طفلٌ في النوم معانقاً أمه

عند الفجر
تمسّكتْ قطرة ندى بحبل الغسيل
تحرر كلبٌ من مقوده مقبلاً على الصباح

**Vater**
Du und ich
flanieren durch die Phasen des verrückten Jahrhunderts
durchqueren Krieg und Frieden und darüber hinaus
Hand in Hand



Die ehemals blonden Zöpfe
die widerspenstig durch die Welt reisten
wie Meereswellen fremde Ufern eroberten
lauern unauffällig als blasse Erinnerung im Schubfach der
Vergessenheit
Dein brausendes Temperament, das die Mauern beben ließ
wanderte mit den Zugvögeln bereits im Herbst hinaus
Allein jenes unverwechselbare Lächeln
verrät unseren unbestreitbaren Bund
Vater - Tochter

أبي
أنا وانت
نتنزّه عبر أحقاب القَرن المجنون
نعبر الحرب والسلام وما وراء ذلك
يداً بيد


تلك الضفائر الشقراء
التي كانت تسافر جامحةً في الأجواء
كما تغزو أمواج البحر بلا هوادة أرصفة الغرباء
أمست ذكرى باهتة تسكن درج النسيان
عنفوانك ذاك الذي كان يزلزل البنيان
رحل مع الطيور المهاجرة في الخريف
وحدها تلك الابتسامة التي لا لبس فيها
تكشف عن رابطتنا التي لاجدل حولها
الإبنة والأب

## Mutter

Du trugst mich lange an deinem Ast
bis ich als reife Frucht von dir abfiel
Gemeinsam teilten wir Licht und Schatten
und vor Regenschauern warst du für mich ein Asyl
Deine Stimme, die mir das Schlaflied
ins Ohr summte, wohnt bei mir
weist mir den Weg zu deinem Alphabet
Dort flattern die Worte wie Ringeltauben
bereichern meinen Geist
Und obwohl ich ein Bruchteil bin von dir
füllst du all meine Lücken mit Blumen
erweckst mich zu einem Frühling
Ich trage deinen Dufthauch ewig in mir

**أمي**

لقد حملتِني زمناً على غصنك

حتى سقَطت من عليه كالثمرة حينما تنضج

تقاسمنا سوية الضوء والظلال

ومن زخات المطر كنتِ لي الملاذ

صوتك الذي كان يهمس بأذني تهويدة النوم

ساكن جوانحي

يدلني الدرب الى أبجديتك

فترفرف في بالي كطيور اليمام

ومع أنّي جزءٌ ضئيلٌ منك

فأنت تملئين كل فراغاتي بالأزهار

توقظيني ربيعاً

يحمل نفحاتك أبداً في الأعماق

**Liebster**
In einer weißen Nacht
blühen Lilien in deinen Augen auf
Ihr Duft lockt mich, saugt mich völlig auf
als wäre ich Mondmilch

In einer mythischen Nacht
sucht mich dein Traum
verfolgt meine Fußstapfen bei den Veilchen
ertappt mich mit dir verschlungen
Du bekennst: „Ti amo!"

**حبيبي**
في ليلةٍ بيضاء
تتفتح زهور الزنبق في عينيك
يستدرجني عبقها، يرتشفني بالكامل
كأنني حليب القمر


في ليلة خرافيّة
ينشدني حلمك
يتقفّى آثار قدميّ
عند زهور البنفسج
يباغتني معانقةً إيّاك
فتعترف: أُحبّكِ!

**Das Fest der Farben**
beginnt mit einem unberührten Klang
dann tobt er sich aus
auf der Leinwand ...
Das Fest der Herzen
mit einem roten Kuss
auf weißen Laken ...

**عرس الألوان**
يبدأ بنغمة بكر
تلهو كيفما يحلو لها
على لوحة كتان
أما عرس القلوب
فيبدأ بقبلة حمراء
على شراشف بيضاء

**Gestern war der Himmel Pastell gespült**
wunderschön, sanft wie die Landschaft in deinen Iris
manchmal wenn du mich geheimnisvoll ansiehst
als würdest du ein mystisches Gebet rezitieren
Wort-los, Mund-voll...

**بالأمس اغتسلت السماء بألوان الباستيل**
رائعةً عذبة، مثل الحقول في قزحيتك
حينما ترمقني أحياناً بتلك النظرة السحريّة
كما لو رتّلتَ صلاةً صوفيّة
بلا كلمات، بملء الفم

**Ein lasurblauer Mythos**

Jedes Mal, wenn du mich
zu einem rhythmischen Abenteuer begleitest
segle ich mit dir in einem Märchen
Jenseits des Sinnvollen, Sinnlosen
gemeinsam zeichnen wir seine Linien
zu den samtigen Klängen des Bandoneons
mal mit Tränen aus Perlen,
von Meeresjungfrauen vergossen
des Wartens überdrüssig
oder mit dem Blick eines Verliebten
der das Mondgesicht füllt
wir bekleiden es mit seidenen Roben
stutzen seine Säume
fangen das Tempo einige Ewigkeiten ein
und kehren zur Zeit zum Raum zurück
dabei langweilen wir uns nie
vom Spiel der Verträumten
Denn wir ruhen eine Weile
um vielleicht einen lasurblauen Mythos zu skizzieren
und lassen das Abenteuer neu beginnen

**أسطورة لازوردية**

في كل مرةٍ تصحبني فيها
الى مغامرةٍ إيقاعيّة جديدة
أبحر معك في خرافةٍ
خارج المعنى واللامعنى
نخطُّ ملامحها معاً
مع ألحان الباندونيون المخملية
تارة بدموع من لؤلؤ
سكبتها حوريات
اتعبها الانتظار
وتارة بنظرة عاشقٍ
ملأت وجه القمر
نلبسها أثواباً من حرير
نشذّب أطرافها
نأسر الوقت بضعة دهور
لنعود إلى الزمان إلى المكان
ولانملّ لعبة الحالمين
بل نستريح هنيهة
لنرسم اسطورة ربما لازوردية
وتبدأ المغامرة من جديد

## Hedil Al-Rashid

geboren 1970 in Basra in einer multikulturellen Familie (Vater irakischer Prof. der Physik, Mutter deutsch) studierte bis 1992 Germanistik an der Sprachfakultät der Bagdad Universität und absolvierte das Studium als Jahrgangsbeste mit dem Prädikat „Ausgezeichnet", später Orientalistik an der JLU Universität Gießen mit Magisterabschluss 1998.

Außer ihrer Leidenschaft für Lyrik prägt sich Hedil Al-Rashids Kreativität nicht nur zwischen den Versen, sondern auch zwischen den Farben in der Malerei aus.

### Veröffentlichungen:

- „Denkst du an meine Liebe?" Gedichte, Deutsch/Arabisch, 2015
- „All'orlo del cielo" (Am Saum des Himmels) Gedichte, Italienisch-/Arabisch, 2018
- "eine einsame Laterne" 2019
- "Mitten in Babylon" Gedichte, Deutsch/Arabisch, 2022

Alle genannten Bücher sind beim Verl. BoD Edition Lyrik-Salon Spezial erschienen und herausgegeben. von Fouad EL-Auwad.

Ihre dichterischen Beiträge sind u. a. bei den zweisprachigen Anthologien des Deutsch-Arabischen Lyrik-Salons, der vom Dichter und Herausgeber Fouad EL-Auwad 2005 ins Leben hervorgerufen worden ist:

- „Die Kerze brennt noch" (Jan. 2015),
- „Zartheit des Feuers" (Dez. 2015),
- "rot zu grün" (November 2021)
- "Ein Gesicht, auf dem Minze wuchs" (September 2022)

Hedil Al-Rashid

Mitten in Babylon

Gedichte

هديل الراشد

في منتصف بابل

قصائد

Aus der Reihe "**Lyrik-Salon**"

Herausgeber:

Fouad EL-Auwad